炒餃
チャーギョー

いつでも食べたい
炒飯と餃子
チャーギョー

今井 亮

文化出版局

はじめに

「チャーハン」と「ギョーザ」。
今ではすっかり日本の食卓にも日常的に出てくる料理ですね。
そしてこれって嫌いな人がいるのかな、とも思えるほど
みんな大好きなイメージがあります。
子どもの頃から料理好きだった私にとっても身近な料理で、
チャーハンは小腹が空いたときや、習い事の前、
休日には家族に振る舞ったりと、何度も作ってきました。
子どもながらにギョーザの焼き加減にも四苦八苦していた思い出もあります。
間違いなく今の自分につながっている料理といえます。

さて、チャーハンは、
おうちで作るとパラッとしなくて味も決まりきらず、
パサパサしたり、ベチャッとしてしまいがち……、そんなお悩みをよく聞きます。
お店みたいな火力がないから？　いえいえ、家庭用の火力でも充分。
そもそもお店の立ち上るほど強力な火力は家庭では扱うことなんてできませんよね。
少しのコツを押さえていただくだけでおうちチャーハンはおいしくなりますよ。
本書では、お手軽食材チャーハンから
ちょっと豪華なあんかけチャーハンまでご紹介しています。

ギョーザは、
普通に作ることはできるけれど、お店のように焼き目がカリッとしない……など
シンプルで作りやすいがゆえのお悩みも多々。
焼き方だけでなく、包み方にも実は知っておくとよい小ワザが隠れています。
たくさん作って冷凍しておくと、3個だけ食べたい！　なんてときにも役立ちます。

ついワンパターンになってしまいがちなチャーハン、ギョーザですが、
本書はそんな2品をさらに豊かに楽しんでいただけるような一冊です。
こんな食材の組み合わせ、あんな味つけもいいんだ！　と再発見して
いろいろと作ってみてください。
そしてチャーハンを作ったらギョーザも作りたくなる、
ギョーザを作ったらチャーハンも食べたくなる、
そんな自分だけのマイチャーギョー定食をぜひ見つけてください。

今井亮

目次

02 はじめに

10 **炒飯**はこうして作る

The 炒飯

- 9・10 卵炒飯
- 12 ハムと細ねぎの炒飯
- 14 焼き豚とにらの炒飯
- 16 ちくわとレタスの炒飯
- 18 えびとアスパラの炒飯
- 20 鮭とキャベツの炒飯
- 22 しらすと薬味の炒飯
- 24 小松菜とひき肉の炒飯
- 26 ベーコンとミニトマトの炒飯
- 28・30 納豆炒飯
- 29・31 **キムチ卵炒飯**

あんかけ炒飯

- 32 かき玉あんかけ炒飯
- 34 ブロッコリー淡雪あんかけ炒飯
- 36 たらこクリームあんかけ炒飯
- 38 肉そぼろトマトあんかけ炒飯
- 40 青椒肉絲あんかけ炒飯

炒飯

かけてもよしの お供のスープ

- 42 中華風ねぎスープ
- 43 きのこスープ
- 44 あさりしょうがスープ
- 45 和風サンラータン

もう一品欲しいときの お供の副菜

- 46 きゅうりのごま酢あえ
-    中華風塩もみキャベツ
-    貝割れ菜とザーサイ
-    おかかオニオンスライス

50　餃子はこうして作る

焼き餃子

49・50　豚肉とキャベツの焼き餃子
52　豚肉とにらの羽根つき餃子
54　合いびき肉とピーマンの棒餃子
56　鶏肉と白菜の焼き餃子
58　青菜と豆腐の焼き餃子

水餃子

60　豚肉ときゅうりの水餃子
62・64　豚肉とトマトの水餃子
63・65　鶏肉とセロリのカレー風味水餃子
66　牛肉と長ねぎの水餃子
68　ラムと香菜の水餃子

蒸し餃子

70　豚肉ときのこの蒸し餃子
72　豚肉とキムチの蒸し餃子
74　鶏肉とズッキーニの蒸し餃子
76　えびと豚肉、青じその蒸し餃子

揚げ餃子

78　合いびき肉とコーンの揚げ餃子
80　ポテサラザーサイの揚げ餃子
82　卵ツナチーズの揚げ餃子
83　アボカドとスモークサーモンの揚げ餃子

餃子

＊計量単位は、1カップ＝200ml、大さじ1＝15ml、小さじ1＝5mlです。
✶電子レンジは出力600Wのものを使用しています。500Wの場合は加熱時間を1.2倍にしてください。
機種によって違いがあるので、様子をみて加減してください。

炒飯

チャーハン

ご飯に卵をまとわせれば、パラッとしたおいしい炒飯。
そこにあんをかければ、米粒にあんが絡まって、
あんかけご飯とはまた違う贅沢な味になります。

具は、肉・肉加工品、魚介・海産加工品といったうまみの出る食材1、野菜1、まとめ役の卵1。ほかに決まりごとは一切なし。だからバリエーションは無限大。毎日食べても飽きないってすごい！

The 炒飯

卵炒飯
→作り方はp.10〜11

炒飯はこうして作る

◉ **必要な道具**
- 具を炒める木べら
- 器に盛る調理スプーン(シリコン)
- フライパン(直径26cm)

◉ **ご飯について**
- 米は好みのものでいいが、できるなら粘り気が少なく、あっさりとしているタイプ(「ななつぼし」「青天の霹靂」など)がおすすめ。
- 米を炊くときは、炊飯器のメモリをちゃんと見て水加減する。
- 温かいご飯を使う。炊きたて、電子レンジで加熱したてのものを。ご飯が冷たいとその分炒める時間が長くなり、その結果ベタッとした仕上がりになってしまう。

◉ **一度に作る分量**
- フライパン(直径26cm)で一度においしく作るには、2人分まで。
- この本では1人分(ご飯200g)のレシピを紹介。2人分作るなら、1人分×2にする。

◉ 基本の作り方

卵炒飯
で紹介

材料・1人分

ご飯(温かいもの)　200g
卵　1個
長ねぎ　5cm
米油　大さじ1
塩　小さじ¼
こしょう　少々
酒　小さじ2

具の下ごしらえ

1　卵はボウルに割り入れ、よく溶きほぐす。

2　長ねぎはみじん切りにする。まず両面に斜めに細かく切り込みを入れ、上から少し押して小口から切ると、きれいなみじん切りになる。

ご飯を用意　　### 具とご飯を炒める

3　炊きたて、もしくは電子レンジで加熱して温めたものを、バットなどに用意する。

4　フライパンに油を入れて中火で熱し、卵を入れてさっと混ぜる。

5　卵がまだ半熟のうちにご飯を入れる。

6 ご飯をほぐしながら、切るような感じで2〜3分炒める。

7 塩、こしょうをふってさらに炒める。

8 長ねぎを加えて炒める。フレッシュ感を出したいので、長ねぎはここで入れる。

9 酒を入れて炒める。酒を入れることでうまみが加わるだけでなく、パラリ＆しっとりと仕上がる。

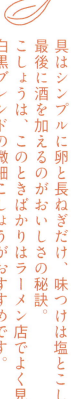

具はシンプルに卵と長ねぎだけ、味つけは塩とこしょう、最後に酒を加えるのがおいしさの秘訣。こしょうは、このときばかりはラーメン店でよく見かける白黒ブレンドの微細こしょうがおすすめです。

ハムと細ねぎの炒飯

材料・1人分

ご飯(温かいもの)　200g
卵　1個
ロースハム　2枚
万能ねぎ　1/4束(25g)
米油　大さじ1
塩、こしょう　各少々
A｜しょうゆ　小さじ1
　｜酒　小さじ1

基本の卵炒飯にロースハムを加え、長ねぎの代わりに万能ねぎを使用。最後にしょうゆを加えて香ばしく仕上げます。

1 卵はボウルに割り入れてよく溶きほぐす。ハムは5mm角に切り、万能ねぎは小口切りにする。Aは合わせておく。

2 フライパンに油を入れて中火で熱し、卵を入れてさっと混ぜ、ご飯を入れてほぐしながら2〜3分炒める。

3 ハムを加えて炒め合わせ、塩、こしょうをふってさらに炒める。

4 万能ねぎを加えて炒め、Aを鍋肌から入れてさらに炒める。

最後に入れるしょうゆ＋酒は鍋肌から入れる。あえて少し焦がして香ばしさを出す。

焼き豚とにらの炒飯

焼き豚は1cm角に切って存在感を出し、にらは口当たりがいいように小口切り。ほんのりしょうゆ味で、飽きないおいしさ。

材料・1人分

ご飯(温かいもの)　200g
卵　1個
焼き豚　40g
にら　¼束
米油　大さじ1
塩　少々
A｜しょうゆ　小さじ1
　｜酒　小さじ1

1　卵はボウルに割り入れてよく溶きほぐす。焼き豚は1cm角に切り、にらは1cm幅に切る。Aは合わせておく。
2　フライパンに油を入れて中火で熱し、卵を入れてさっと混ぜ、ご飯を入れてほぐしながら2～3分炒める。
3　焼き豚を加えて炒め合わせ、塩をふってさらに炒める。
4　にらを加えて炒め、Aを鍋肌から入れてさらに炒める。
5　お椀などに詰め、ひっくり返して器に盛る。

にらはシャキッとした感じと色を生かしたいので、最後に加えて炒め合わせる。

ちくわとレタスの炒飯

レタスは炒めずに生のままちぎって器に盛り、食べるときに混ぜる新スタイル。黒こしょうを効かせるのがポイントです。

材料・1人分

ご飯（温かいもの） 200g
卵 1個
ちくわ 1本
レタス 2枚
米油 大さじ1
塩 小さじ¼
粗びき黒こしょう 少々
酒 小さじ2

1 卵はボウルに割り入れてよく溶きほぐす。ちくわは5mm幅に切る。レタスはひと口大にちぎる。
2 フライパンに油を入れて中火で熱し、卵を入れてさっと混ぜ、ご飯を入れてほぐしながら2〜3分炒める。
3 ちくわを加えて焼き色がつくくらいまで炒め、塩、粗びき黒こしょうをふってさらに炒める。
4 酒を入れてさらに炒める。
5 器にレタスを敷き、**4**を盛る。炒飯とレタスを混ぜながら食べる。

ひきたての黒粒こしょうを加えてピリッとスパイシーに仕上げる。

アツアツの炒飯をレタスにのせ、余熱でレタスを少ししんなりさせて食べる。

えびとアスパラの炒飯

えびもアスパラガスも小さめのひと口大に切ってご飯と炒め合わせると、一体感が出ます。オイスターソースで味つけしてコクをプラス。

材料・1人分

ご飯(温かいもの) 200g
卵 1個
むきえび(バナナえびなど) 50g
アスパラガス 2本
長ねぎ 5cm
米油 大さじ1
塩 小さじ1/4
こしょう 少々
A｜酒 小さじ1
　｜オイスターソース 小さじ1

1 卵はボウルに割り入れてよく溶きほぐす。えびは片栗粉、塩各少々(各分量外)をふって手でもみ、よく洗って水気を拭き、1cm幅に切る。アスパラガスは根元のかたい部分を切り、下半分ほど皮をむき、斜め1cm幅に切る。長ねぎはみじん切りにする。Aは合わせておく。
2 フライパンに油を入れて中火で熱し、卵を入れてさっと混ぜ、ご飯を入れてほぐしながら2〜3分炒める。
3 えび、アスパラガスを加え、塩、こしょうをふり、えびとアスパラガスに火が通るまでさらに炒める。
4 長ねぎを加えて炒め、Aを鍋肌から入れてさらに炒める。

えび、アスパラガスともに生のまま加え、ご飯と一緒に炒めて火を通す。これで火の通りすぎを防げる。

鮭とキャベツの炒飯

鮭フレークとキャベツ、バター、みその組み合わせが絶妙。みそは、いつも使っているものでOK。

材料・1人分

ご飯（温かいもの） 200g
卵 1個
キャベツ 1枚
鮭フレーク 30g
バター 10g
塩、こしょう 各少々
A｜酒 小さじ2
　｜みそ 小さじ1

1　卵はボウルに割り入れてよく溶きほぐす。キャベツは1cm角に切る。Aは合わせておく。
2　フライパンにバターを入れて中火で熱し、キャベツを入れて焼き色がつくまで炒める。
3　卵を入れてさっと混ぜ、ご飯を入れてほぐしながら2～3分炒める。
4　鮭フレークを加えて炒め合わせ、塩、こしょうをふってさらに炒める。
5　Aを加えてさらに炒める。

まずはバターでキャベツを炒め、キャベツの甘みと香ばしさを出す。

卵、ご飯の順に加え、キャベツと卵をご飯に絡めるようにして炒め合わせる。

しらすと薬味の炒飯

材料・1人分

ご飯(温かいもの)　200g
しらす干し　20g
みょうが　1本
青じそ　5枚
ごま油　小さじ2
塩、こしょう　各少々
酒　小さじ2

1　みょうが、青じそはみじん切りにする。
2　フライパンに油を入れて中火で熱し、しらす干しを入れて炒める。
3　ご飯を入れてほぐしながら2〜3分炒める。
4　みょうが、青じそを加えて炒め合わせ、塩、こしょうをふってさらに炒める。
5　酒を入れてさらに炒める。

みょうがと青じそを使った、香りのいい和風炒飯。しらす干しの代わりにじゃこを使っても。卵なしだから、あっさり系。好みで卵を入れても。

ごま油でしらす干しを炒め、うまみを立たせる。そのあとでご飯を加える。

小松菜とひき肉の炒飯

小松菜が主役の卵炒飯です。ここではうまみ出しに豚ひき肉を使いますが、豚こま切れ肉や鶏ひき肉を使っても。

材料・1人分

ご飯(温かいもの)　200g
卵　1個
小松菜　50g
豚ひき肉　50g
米油　大さじ1
塩、こしょう　各少々
A｜しょうゆ　小さじ2
　｜酒　小さじ1
　｜オイスターソース　小さじ1

1 卵はボウルに割り入れてよく溶きほぐす。小松菜は軸は小口切りにし、葉は刻む。Aは合わせておく。
2 フライパンに油を入れて中火で熱し、ひき肉を入れて焼き色がつくまでよく炒める。
3 卵を加えてさっと混ぜ、ご飯を入れてほぐしながら2〜3分炒め、塩、こしょうをふってさらに炒める。
4 Aを鍋肌から入れ、小松菜も加えてさっと炒め合わせる。

ひき肉はカリッとするくらいまで炒めるのがポイント。肉の臭みが抜けて、うまみと食感が残り、香ばしくなる。

ベーコンとミニトマトの炒飯

にんにくの香りが移ったオリーブオイルとベーコンの脂で炒めたご飯が美味。ミニトマトでフレッシュ感を出すのがポイント。

材料・1人分

ご飯（温かいもの）　200g
卵　1個
ベーコン　1枚
ミニトマト　3個
にんにく　1かけ
パセリ　1枝
オリーブオイル　大さじ1
塩　小さじ¼
酒　小さじ2

1　卵はボウルに割り入れてよく溶きほぐす。ベーコンは細切りにする。ミニトマトはへたを取って四つ割りにする。にんにく、パセリはみじん切りにする。
2　フライパンに油を入れて中火で熱し、ベーコン、にんにくを入れ、ベーコンから脂が出てにんにくに焼き色がつくまでよく炒める。
3　卵を入れてさっと混ぜ、ご飯を入れてほぐしながら2〜3分炒め、塩をふってさらに炒める。
4　ミニトマト、パセリを加えて炒め、酒を入れてさらに炒める。

ベーコン、にんにくともに、カリカリになるほどしっかり炒めるのがおいしさのコツ。

納豆炒飯
→作り方は p.30

キムチ卵炒飯
→作り方は p.31

納豆炒飯

納豆と相性のいい、しば漬け、ねぎ、ごまのトリオを取り合わせた、ほんのりしょうゆ味の炒飯。しば漬けの食感がアクセント。ほかの漬けものでもOK。

材料・1人分

ご飯(温かいもの) 200g
納豆(小粒) 1パック
しば漬け 30g
万能ねぎ 3本
白いりごま 小さじ1
ごま油 大さじ1
塩 少々
A｜しょうゆ 小さじ1
　｜酒 小さじ1

1 納豆は軽く混ぜる。しば漬けは粗みじん切りにする。万能ねぎは小口切りにする。Aは合わせておく。
2 フライパンに油を入れて中火で熱し、納豆を入れて焼き色がつくまでよく炒める。
3 ご飯を加えてほぐしながら2〜3分炒め、塩をふってさらに炒める。
4 しば漬け、万能ねぎ、ごまを加えて炒め合わせ、Aを鍋肌から入れてさらに炒める。

納豆は焼き色がつくくらいまでよく炒めると、クセがほどよく和らぎ、豆のおいしさが楽しめる。

キムチ卵炒飯

材料・1人分

ご飯(温かいもの)　200g
卵　1個
白菜キムチ　50g
ウインナーソーセージ　2本
ごま油　大さじ1
A｜しょうゆ　小さじ1
　｜酒　小さじ1

1　卵はボウルに割り入れてよく溶きほぐす。別のボウルにご飯を入れ、溶き卵を加え、ほぐしながら切るようにして混ぜる。

2　キムチは汁気をきってざく切りにする。ソーセージは縦半分に切ってから1cm幅に切る。Aは合わせておく。

3　フライパンに油を入れて中火で熱し、1を入れて2～3分炒め、キムチ、ソーセージを加えて炒め合わせる。

4　Aを鍋肌から入れてさらに炒める。

卵を溶いたらご飯に加え、ご飯をほぐしながら全体に混ぜる。

ムラのないように混ぜる。米粒に卵が絡まり、炒めるとパラリと仕上がる。

白菜キムチのシャッキリとした食感が魅力のピリ辛炒飯。卵が入ることで味のバランスがよくなります。ソーセージのほか、ベーコンやハムを使っても。

あんかけ炒飯

アツアツとろり、
口当たりのやさしいあんを炒飯にかければ、
それだけでごちそう。
あんのおいしさを存分に楽しみたいから
最もシンプルな卵炒飯と
組み合わせるのがおすすめ。

かき玉あんかけ炒飯

材料・1人分

卵炒飯(p.10参照)　全量
卵　1個
A｜だし汁　¾カップ
　｜片栗粉　小さじ2
　｜しょうゆ　小さじ1
　｜みりん　小さじ1
　｜ごま油　小さじ½
　｜塩　少々

1　卵炒飯はp.10を参照して作り、お椀などに詰め、ひっくり返して器に盛る。
2　かき玉あんを作る。卵はボウルに割り入れてよく溶きほぐす。Aは合わせておく。
3　フライパンにAを入れて中火にかけて混ぜ、フツフツとしてとろみがついてきたら、卵を菜箸に添わせながら回し入れる。
4　ひと煮立ちしたらさっと混ぜ、1の炒飯にかける。

だし汁で作った定番のかき玉あんを米粒に絡ませながら食べるのが最高!　だし汁の代わりに鶏スープを使っても。

卵は菜箸に添わせながら細く回し入れると、均等に卵が行き渡る。

さっと混ぜると、ふんわりとした食感に仕上がる。

ブロッコリー淡雪あんかけ炒飯

材料・1人分

卵炒飯(p.10参照)　全量
ブロッコリー　50g
卵白　1個分
かに(ほぐし身)　50g
A｜水　¾カップ
　｜片栗粉　小さじ2
　｜酒　小さじ1
　｜鶏ガラスープの素　小さじ½
　｜塩　小さじ⅓

1　卵炒飯は p.10 を参照して作り、お椀などに詰め、ひっくり返して器に盛る。
2　ブロッコリーは小さめの小房に分けて洗い、ラップをして電子レンジで1分ほど加熱し、1の炒飯にのせる。
3　淡雪あんを作る。卵白はボウルに入れて軽く混ぜる。かには細かくほぐす。Aは合わせておく。
4　フライパンにかに、Aを入れて中火にかけて混ぜ、フツフツとしてとろみがついてきたら、卵白を菜箸に添わせながら回し入れる。
5　ひと煮立ちしたらさっと混ぜ、2の炒飯にかける。

かにを具にした、ちょっと贅沢な淡雪あん。火を通した卵白が雪のように見えることから、この名があります。白色とブロッコリーの緑色を生かしたいから、味つけは塩で。

卵白は菜箸に添わせながら細く回し入れ、ひと煮立ちさせる。

調理スプーンでムラがないように混ぜて、淡雪あんの完成。

35

たらこクリームあんかけ炒飯

片栗粉でとろみをつけた和風たらこクリームあんをたっぷりかけた炒飯が美味。粗びき黒こしょうを効かせて味を締めるのがポイント。

 ＋

材料・1人分

卵炒飯(p.10参照)　全量
たらこ　½腹
A｜だし汁　½カップ
　｜牛乳　¼カップ
　｜片栗粉　小さじ2
　｜酒　小さじ1
バター　5g
粗びき黒こしょう　少々

1 卵炒飯はp.10を参照して作り、器に盛る。
2 たらこクリームあんを作る。たらこは薄皮を除き、Aと合わせておく。
3 フライパンに2を入れて中火にかけ、とろみがついてくるまで混ぜる。
4 バターと粗びき黒こしょうを加え、バターを溶かしてひと煮立ちさせる。1の炒飯にかける。

バターを加えるとコクと風味がプラスされて、ぐっとおいしくなる。

肉そぼろトマトあんかけ炒飯

うまみたっぷりのそぼろあんにトマトを加えたボリューム満点のひと皿。トマトは最後に加えてフレッシュ感を残すのがコツ。

 ＋

材料・1人分

卵炒飯(p.10参照)　全量
トマト　小1個
豚ひき肉　50g
ごま油　小さじ1
A｜水　¾カップ
　｜片栗粉　小さじ2
　｜しょうゆ　小さじ1
　｜オイスターソース　小さじ1
　｜塩、こしょう　各少々

1 卵炒飯はp.10を参照して作り、お椀などに詰め、ひっくり返して器に盛る。
2 肉そぼろトマトあんを作る。トマトはへたを取って2cm角に切る。Aは合わせておく。
3 フライパンに油を入れて中火で熱し、ひき肉を加えてほぐしなら2分ほど炒める。
4 Aを入れてとろみがつくまで混ぜ、トマトを加えてひと煮立ちさせる。
5 1の炒飯のまわりに盛り、混ぜながら食べる。

トマトはちょっと大きめに切り分けて加え、みずみずしさを楽しむ。

青椒肉絲あんかけ炒飯

材料・1人分

卵炒飯(p.10参照)　全量
牛肉(焼き肉用、好みの部位)　3枚
ピーマン　2個
ごま油　小さじ1
A｜水　¾カップ
　｜片栗粉　小さじ2
　｜オイスターソース　小さじ2
　｜しょうゆ　小さじ1
　｜砂糖　小さじ¼
　｜塩、こしょう　各少々

1　卵炒飯はp.10を参照して作り、器に盛る。
2　青椒肉絲あんを作る。牛肉は5mm幅に切る。ピーマンは縦半分に切ってへたと種を取り除き、横5mm幅に切る。Aは合わせておく。
3　フライパンに油を入れて中火で熱し、牛肉を加えて2分ほど炒め、ピーマンを加えてさっと炒める。
4　Aを入れてとろみがつくまで混ぜ、ひと煮立ちさせる。1の炒飯にかける。

青椒肉絲は簡単バージョン。牛肉は焼き肉用を使ってチャチャッと炒め、ピーマンのシャキシャキ感を残して仕上げます。

牛肉とピーマンを炒めたら、オイスターだれを加えて手早く味を絡める。

かけてもよしの
お供のスープ

炒飯と一緒に食べてもいいし、
炒飯にかけてもおいしい。
そんな万能スープを紹介。
多めに作っておくのもおすすめ。

中華風ねぎスープ

鶏ひき肉と水でおいしいスープになるから
スープの素は不要。
自然のうまみで大満足です。

材料・1～2人分

鶏ひき肉　50g
長ねぎ　5cm
水　1カップ
酒　小さじ1
A｜しょうゆ　小さじ1
　　ごま油　小さじ1
　　塩　小さじ¼

1　長ねぎはみじん切りにする。
2　鍋にひき肉、分量の水、酒を入れて中火にかけ、混ぜながら煮立て、アクを取る。
3　弱火で3分ほど煮、長ねぎ、Aを加えて混ぜる。

きのこスープ

ごま油で炒めたきのこが美味。
オイスターソースでコクを出します。

材料・1～2人分

生しいたけ　2個
えのきだけ　50g
ごま油　小さじ1
水　1カップ
酒　小さじ1
A｜しょうゆ　小さじ1
　｜オイスターソース　小さじ1
　｜塩、こしょう　各少々

1　しいたけは石づきを取って1cm幅に切る。えのきだけは根元を切り落として3cm幅に切る。

2　鍋に油を入れて中火で熱し、1を加えて焼き色がつくまで炒め、分量の水、酒を加えて煮立て、アクを取る。

3　弱火で3分ほど煮、Aを加えて混ぜる。

あさりしょうがスープ

しょうがの香りと
ごま油の風味がアクセント。
体の中にすっと入っていくおいしさです。

材料・1〜2人分

あさり（砂抜き済み）　300g
しょうが　1かけ
A｜水　2カップ
　｜酒　大さじ2
塩　少々
ごま油　小さじ1

1 あさりは殻をこすり合わせて洗う。しょうがは皮をむいてせん切りにする。
2 鍋にあさり、しょうが、Aを入れて中火にかけて煮立て、あさりの口が開いたらアクを取る。
3 塩で味を調え、油を加える。

かけてもよしの
お供の**スープ**

和風サンラータン

酢の酸味、こしょうの辛みがクセになる
定番スープ。だし汁で作るから手軽。

材料・1〜2人分

しめじ　½パック
ミニトマト　4個
長ねぎ　5cm
だし汁　2カップ
A｜しょうゆ　大さじ1
　｜みりん　小さじ1
　｜塩　少々
酢　大さじ1
こしょう　適量(多め)

1　しめじは石づきを取ってほぐす。ミニトマトはへたを取って横半分に切る。長ねぎは小口切りにする。
2　鍋にだし汁、しめじを入れて中火にかけ、煮立ってから2分ほど煮る。
3　ミニトマト、長ねぎ、Aを加えてさっと煮、酢、こしょうで味を調える。

もう一品
欲しいときの
お供の副菜

炒飯の口直しに
おすすめなのが野菜の小皿。
シンプルなものなら、
どんな炒飯にも合います。

きゅうりのごま酢あえ

切るよりたたいたほうが食感がよく、
味もよくなじみます。

材料・作りやすい分量

きゅうり　2本
A｜白すりごま　大さじ3
　｜しょうゆ　大さじ1
　｜砂糖　小さじ2
　｜酢　小さじ1
　｜ごま油　小さじ1

1　きゅうりはへたを切り落とし、ピーラーで皮を縞模様にむき、木べらをのせてたたいてひびを入れ、2cm幅に切る。
2　ボウルにAを入れて混ぜ合わせ、1を加えてあえる。

貝割れ菜とザーサイ

ザーサイがあれば、
貝割れ菜がいくらでも食べられる!

材料・作りやすい分量

貝割れ菜　2パック
味つきザーサイ　40g
酢　小さじ1

1　貝割れ菜は根元を落として半分に切る。ザーサイはざく切りにする。
2　ボウルに1と酢を入れて混ぜる。

中華風塩もみキャベツ

塩もみキャベツにひと手間加えて
パンチのある味にグレードアップ。

材料・作りやすい分量

キャベツ　3〜4枚
A｜しょうゆ　小さじ1
　｜ごま油　小さじ1
　｜オイスターソース　小さじ½
　｜粉山椒　少々

1　キャベツは5cm長さの細切りにし、ボウルに入れて塩小さじ⅓(分量外)をまぶし、10分ほどおいて水気を絞る。
2　キャベツにAを加えて混ぜる。

おかかオニオンスライス

おかかじょうゆと玉ねぎは鉄板。
好みでマヨネーズをちょっとかけても。

材料・作りやすい分量

玉ねぎ　1個
しょうゆ　大さじ1
削り節　適量

1　玉ねぎは縦半分に切り、芯を除いて横薄切りにし、冷水に10分ほどさらす。水気をきり、キッチンペーパーで水気を拭く。
2　ボウルに1、しょうゆ、削り節を入れてあえる。

餃子

カリッと焼いた焼き餃子のおいしさもさることながら、
水餃子、蒸し餃子、揚げ餃子も捨てがたい。
その日の気分で作り分けることができたら最高！

焼き餃子

ふたをして蒸し焼きにすると
餡はジューシー。
最後に油を回し入れると
皮はカリッと香ばしい。
肉×野菜×油で、
うまみがよりいっそう強くなります。

豚肉とキャベツの焼き餃子
→作り方はp.50〜51

餃子はこうして作る

◉ 必要な道具
- フライパン(直径26cm。ふたつき)
- 小さい木べら、または餃子へら
- 器に盛るフライ返し(シリコン)

◉ 餃子の皮について
- 一般的な普通サイズ、大判サイズの2種が売られているが、この本では、焼き餃子、揚げ餃子は普通サイズ。水餃子は皮のつるんとしたおいしさも楽しみたいので大判。蒸し餃子は餡とのバランスでどちらも使う。
- 皮がかたいと包みにくいので、餃子を作る少し前に冷蔵庫から出しておくといい。

◉ 一度に作る分量
- 餃子の皮1袋単位で作る。
- この本では1袋25枚入りのものが基本(大判は20枚入り)。餃子を25個作り、当日食べない分は、作り方8の状態で冷凍してから保存袋にまとめるとくっつかない。2週間冷凍可。

◉ 基本の作り方
豚肉とキャベツの焼き餃子
で紹介

材料・作りやすい分量
豚ひき肉　150g
キャベツ　250g
にら　½束
A　しょうがのすりおろし　1かけ分 　　にんにくのすりおろし　1かけ分 　　片栗粉　大さじ1 　　しょうゆ　大さじ1½ 　　酒　大さじ1 　　砂糖　小さじ1 　　ごま油　小さじ1
餃子の皮　1袋(25枚)
米油　適量

餡を作る

1 キャベツは粗みじん切りにしてボウルに入れ、塩小さじ1(分量外)をまぶして10分おき、水気を絞る。

2 にらは1cm幅に切る。

3 大きめのボウルにひき肉、Aを入れて粘りが出るまで混ぜる。

4 キャベツ、にらを加えてさらに混ぜる。

5 バットに広げ、餃子へらなどで25等分になるように線をつける。

餃子の皮で包む

6 餃子の皮に餡をのせて広げ、皮の縁に指で水適量(分量外)をつける。

7 手前を短く、向こう側の皮が長くなるように二つ折りにし、向こう側の皮をひだを寄せながら手前の皮にくっつけるようにして包む。

焼く (＊水、蒸し、揚げは各ページ参照)

8 クッキングシートを敷いたバットに、少し間隔をあけて並べる。

9 フライパンに油を薄くひき、餃子を並べて軽く押さえて底を平らにし、強めの中火にかける。

10 1分ほどして温まったら、熱湯を餃子の高さの1/3〜1/2まで注ぎ、ふたをして水気がなくなるまで蒸し焼きにし、中まで火を通す。

11 ふたを取り、弱火にして油大さじ1を回し入れ、焼き色をしっかりとつける。

餡は最もなじみのある、豚ひき肉とキャベツ、にら。肉より野菜の量を多くすると、食べたときのバランスがいい。肉に下味をしっかりつけて、粘りが出るまでよく混ぜるのがおいしさの秘訣。だから、たれをつける必要はなし。

豚肉とにらの羽根つき餃子

口の中でパリパリッとほどける羽根つき餃子に挑戦。水の代わりに水溶き小麦粉を加え、香ばしくなるまでいじらずに待つのがコツ。

材料・作りやすい分量

豚ひき肉　250g
にら　1束
もやし　½袋
A｜しょうがのすりおろし　1かけ分
　｜しょうゆ　大さじ1
　｜オイスターソース　大さじ1
　｜酒　大さじ1
　｜片栗粉　大さじ1
　｜塩　小さじ⅓
　｜こしょう　少々
餃子の皮　1袋(25枚)
米油　適量
B｜水　¾カップ
　｜小麦粉　大さじ1

1　にらは1cm幅に切り、もやしはひげ根を取って粗く刻む。

2　ボウルにひき肉、Aを入れて粘りが出るまで混ぜ、1を加えてさらに混ぜる。バットに広げ、25等分になるように線をつける。

3　餃子の皮に2の餡をのせて広げ、皮の縁に指で水適量(分量外)をつけ、ひだを寄せながら包む。

4　Bを混ぜておく。

5　フライパンに油を薄くひき、餃子を円を描くように並べて軽く押さえて底を平らにし、強めの中火にかける。1分ほどしたら4を注ぎ入れ、ふたをして水気がなくなるまで蒸し焼きにする。

6　ふたを取り、弱火にして油大さじ1をフライパンの縁から回し入れ、焼き色をしっかりとつける。皿を逆さにしてのせ、ひっくり返して器に盛る。

水溶き小麦粉を注ぎ入れて蒸し焼きにすると、餃子と餃子の間に羽根ができる。

フライパンの縁に油を回し入れると、焼き色がついて香ばしく仕上がる。

合いびき肉とピーマンの棒餃子

材料・作りやすい分量

合いびき肉　250g
ピーマン　5〜6個(200g)
長ねぎ　½本
A｜片栗粉　大さじ1
　｜みそ　大さじ1½
　｜酒　大さじ1
　｜砂糖　大さじ1
　｜しょうゆ　小さじ2
餃子の皮　1袋(25枚)
米油　適量

1　ピーマンはへたと種を除いてみじん切りにする。長ねぎは縦半分に切って斜め薄切りにする。
2　ボウルにひき肉、Aを入れて粘りが出るまで混ぜ、ピーマン、長ねぎを加えてさらに混ぜる。バットに広げ、25等分になるように線をつける。
3　餃子の皮に2の餡をのせて広げ、二つ折りにして上の部分にだけ指で水適量(分量外)をつけて留める。
4　フライパンに油を薄くひき、餃子を並べて軽く押さえて底を平らにし、強めの中火にかける。1分ほどしたら熱湯を餃子の高さの⅓〜½まで注ぎ入れ、ふたをして水気がなくなるまで蒸し焼きにする。
5　ふたを取り、弱火にして油大さじ1をフライパンの縁から回し入れ、焼き色をしっかりとつける。器に盛り、好みで酢+こしょう(分量外)を添える。

皮の中央だけを留め、両端をあけたまま焼くのが棒餃子。焼いたときに肉汁が流れ出して皮にしみ込み、皮の味と香りが濃厚になります。

餡をのせたら上の部分だけに水をつけ、指でしっかりと留める。包むより簡単。

鶏肉と白菜の焼き餃子

鶏ひき肉を使うと豚ひき肉の餃子より軽い感じ。甘みの強い白菜、香りのよい万能ねぎで、あっさりとしていながらも、うまみはしっかり。

材料・作りやすい分量

鶏ひき肉　150g
白菜　300g
万能ねぎ　1/4束(25g)
A｜しょうがのみじん切り　1かけ分
　｜にんにくのみじん切り　1かけ分
　｜片栗粉　大さじ2
　｜酒　大さじ1
　｜砂糖　小さじ1
　｜ごま油　小さじ1
　｜塩　小さじ1/3
　｜粗びき黒こしょう　小さじ1/2
餃子の皮　1袋(25枚)
米油　適量

1　白菜は1cm角に切ってボウルに入れ、塩小さじ1 (分量外)をまぶして15分おき、水気を絞る。万能ねぎは小口切りにする。
2　ボウルにひき肉、Aを入れて粘りが出るまで混ぜ、1を加えてさらに混ぜる。バットに広げ、25等分になるように線をつける。
3　餃子の皮に2の餡をのせて広げ、皮の縁に指で水適量(分量外)をつけ、ひだを寄せながら包む。
4　フライパンに油を薄くひき、餃子を並べて軽く押さえて底を平らにし、強めの中火にかける。1分ほどしたら熱湯を餃子の高さの1/3～1/2まで注ぎ、ふたをして水気がなくなるまで蒸し焼きにする。
5　ふたを取り、弱火にして油大さじ1をフライパンの縁から回し入れ、焼き色をしっかりとつける。器に盛り、好みで粒マスタード(分量外)を添える。

白菜は水気が多いので、塩をまぶして15分おき、水気をしっかりと絞る。

青菜と豆腐の焼き餃子

野菜ときのこ、豆腐で作る精進焼き餃子。ごまを加えてコクを出し、みそを効かせて味にボリュームを出します。

材料・作りやすい分量

木綿豆腐　½丁(175g)
青梗菜　300g
生しいたけ　3個
玉ねぎ　¼個
白いりごま　大さじ1
A｜しょうがのすりおろし　1かけ分
　｜片栗粉　大さじ1
　｜みそ　大さじ2
　｜酒　大さじ1
　｜砂糖　小さじ1
　｜ごま油　小さじ1
餃子の皮　1袋(25枚)
米油　適量

1　豆腐は厚さを3等分にし、キッチンペーパーで包む。角ざるを重ねたバットにのせ、別のバットなどで重しをし、冷蔵庫で2〜3時間おいてしっかりと水きりする。

2　青梗菜は粗みじん切りにしてボウルに入れ、塩小さじ1（分量外）をまぶして15分おき、水気を絞る。しいたけは石づきを取ってみじん切り、玉ねぎもみじん切りにする。

3　ボウルに豆腐、Aを入れてよく混ぜ合わせ、2、ごまを加えてさらに混ぜる。バットに広げ、25等分になるように線をつける。

4　餃子の皮に3の餡をのせて広げ、皮の縁に指で水適量（分量外）をつけ、ひだを寄せながら包む。

5　フライパンに油を薄くひき、餃子をフライパンいっぱいに並べて軽く押さえて底を平らにし、強めの中火にかける。1分ほどしたら熱湯を餃子の高さの⅓〜½まで注ぎ、ふたをして水気がなくなるまで蒸し焼きにする。

6　ふたを取り、弱火にして油大さじ1をフライパンの縁から回し入れ、焼き色をしっかりとつける。皿を逆さにしてのせ、ひっくり返して器に盛る。好みで酢＋しょうゆ＋白すりごま＋粉山椒（分量外）を添える。

豆腐はしっかりと水きりして使う。水気が多いとカリッと焼き上がらない。

水餃子

水餃子は中国では
おかずと主食を兼ねたものなので、
餡は、肉や魚介類に
野菜を合わせて作ります。
モチッとした食感も味わいたいので、
皮は大判で！

豚肉ときゅうりの水餃子

材料・作りやすい分量

豚切り落とし肉　200g
きゅうり　2本
A｜しょうがのすりおろし　1かけ分
　｜ごま油　大さじ1
　｜酒　小さじ1
　｜塩　小さじ1/3
　｜こしょう　少々
餃子の皮(大判)　1袋(20枚)

1　豚肉は粗く刻む。きゅうりは縦半分に切り、種の部分をスプーンでかき取り、斜め5mm幅に切る。塩小さじ1/3(分量外)をまぶして15分おいて水気を絞る。
2　ボウルに豚肉、Aを入れてよくもみ込み、きゅうりを加えて混ぜる。バットに広げ、20等分になるように線をつける。
3　餃子の皮に2の餡をのせて広げ、皮の縁に水適量(分量外)をつけて二つ折りにし、指でくっつけて包む。両端を合わせ、合わせ目に水少々(分量外)をつけて留める。
4　鍋にたっぷりの湯を沸かし、3を入れ、餃子どうしがくっつかないようにひと混ぜし、中火で5〜6分ゆでて中まで火を通す。網じゃくしなどですくって器に盛る。

豚肉は切り落としなどを買い求め、自分で刻んで餡にすると歯ごたえがよくなり、ボリューム感が出ます。きゅうりは種を取り除いて使うと、水っぽくなりません。

基本の包み方

餡をのせたら皮を半分に折って指でくっつけて包み、両端を合わせ、指でしっかりと留める。

つやと透明感が出たらゆで上がり。網じゃくしなどですくってそのまま器へ。

豚肉とトマトの水餃子
→作り方は p.64

鶏肉とセロリのカレー風味水餃子
→作り方は p.65

豚肉とトマトの水餃子

うまみ成分の多い肩ロース肉とミニトマトを取り合わせた新定番。オリーブオイルを使って風味よく仕上げます。

材料・作りやすい分量

豚肩ロース肉(とんかつ用)　2枚(250g)
ミニトマト　5個
長ねぎ　1/4本
A｜片栗粉　大さじ1
　　オリーブオイル　大さじ1
　　酒　小さじ1
　　塩　小さじ1/2
　　粗びき黒こしょう　小さじ1/2
餃子の皮(大判)　1袋(20枚)

1　豚肉は1cm角に切る。ミニトマトはへたを取って四つ割りにし、さらに半分の大きさに切る。長ねぎはみじん切りにする。
2　ボウルに豚肉、Aを入れてよくもみ込み、ミニトマト、長ねぎを加えて混ぜる。バットに広げ、20等分になるように線をつける。
3　餃子の皮に2の餡をのせて広げ、皮の縁に水適量(分量外)をつけて二つ折りにし、指でくっつけて包む。両端を合わせ、合わせ目に水少々(分量外)をつけて留める。
4　鍋にたっぷりの湯を沸かし、3を入れ、餃子どうしがくっつかないようにひと混ぜし、中火で5～6分ゆでて中まで火を通す。網じゃくしなどですくって器に盛る。好みで粗びき黒こしょう(分量外)をふる。

豚肉は1cm角に切る。弾力があり、うまみたっぷり。

鶏肉とセロリのカレー風味水餃子

鶏肉はうまみのあるもも肉を粗めにたたき、セロリは食感のいい茎、さわやかな香りの葉の両方を使用。カレーの風味が加わって、ほんのりエスニック。

材料・作りやすい分量

鶏もも肉　1枚(250g)
セロリ　1本
A｜片栗粉　大さじ1
　｜しょうゆ　大さじ1
　｜酒　小さじ1
　｜カレー粉　小さじ1
　｜ごま油　小さじ1
　｜塩　小さじ¼
餃子の皮(大判)　1袋(20枚)

1　鶏肉は皮を除いて1cm角に切り、包丁で粗めにたたく。セロリは茎、葉ともに粗みじん切りにする。
2　ボウルに鶏肉、Aを入れてよくもみ込み、セロリを加えて混ぜる。バットに広げ、20等分になるように線をつける。
3　餃子の皮に2の餡をのせて広げ、皮の縁に水適量(分量外)をつけて二つ折りにし、指でくっつけて包む。両端を合わせ、合わせ目に水少々(分量外)をつけて留める。
4　鍋にたっぷりの湯を沸かし、3を入れ、餃子どうしがくっつかないようにひと混ぜし、中火で5〜6分ゆでて中まで火を通す。網じゃくしなどですくって器に盛る。

鶏肉に下味の調味料やスパイスをしっかりともみ込むのがコツ。

牛肉と長ねぎの水餃子

牛肉のおいしさを楽しみたいので、長ねぎ、にんにく、しょうゆ、オイスターソースでしっかり味をつけ、皮に包んでうまみを閉じ込めます。

材料・作りやすい分量

牛切り落とし肉　250g
長ねぎ　1本
A｜にんにくのすりおろし　1かけ分
　｜片栗粉　大さじ1
　｜オイスターソース　大さじ1
　｜しょうゆ　大さじ1
　｜酒　小さじ1
　｜砂糖　小さじ1
　｜ごま油　小さじ1
餃子の皮(大判)　1袋(20枚)

1　牛肉は粗めに刻む。長ねぎは縦半分に切ってから5mm幅に切る。
2　ボウルに牛肉、Aを入れてよくもみ込み、長ねぎを加えて混ぜる。バットに広げ、20等分になるように線をつける。
3　餃子の皮に2の餡をのせて広げ、皮の縁に水適量(分量外)をつけて二つ折りにし、指でくっつけて包む。両端を合わせ、合わせ目に水少々(分量外)をつけて留める。
4　鍋にたっぷりの湯を沸かし、3を入れ、餃子どうしがくっつかないようにひと混ぜし、中火で5〜6分ゆでて中まで火を通す。網じゃくしなどですくって器に盛る。好みでラー油(分量外)を添える。

牛肉は粗く刻んで使う。好みの部位の切り落とし、薄切り、こま切れなどで。

ラムと香菜の水餃子

ラムと相性のいい香菜、クミンを使ったちょっぴりエキゾチックな味わいのひと皿。レモンをキュッと搾っていただくのもおすすめ。

材料・作りやすい分量

ラム切り落とし肉　250g
玉ねぎ　¼個
香菜　4株
A│しょうがのみじん切り　1かけ分
　│クミンシード　小さじ1
　│しょうゆ　大さじ1
　│酒　小さじ1
　│塩　小さじ⅓
餃子の皮(大判)　1袋(20枚)

1 ラム肉は粗く刻む。玉ねぎは粗みじん切りにし、香菜は茎、葉とも1cm幅に切る。
2 ボウルにラム肉、Aを入れてよくもみ込み、玉ねぎ、香菜を加えて混ぜる。バットに広げ、20等分になるように線をつける。
3 餃子の皮に2の餡をのせて広げ、皮の縁に水適量(分量外)をつけて二つ折りにし、指でくっつけて包む。両端を合わせ、合わせ目に水少々(分量外)をつけて留める。
4 鍋にたっぷりの湯を沸かし、3を入れ、餃子どうしがくっつかないようにひと混ぜし、中火で5〜6分ゆでて中まで火を通す。網じゃくしなどですくって器に盛り、刻んだ香菜適量(分量外)をのせる。好みでカットレモン(分量外)を添える。

下味をつけるときにクミンシードも加え、香り、食感ともにアクセントにする。

蒸し餃子

蒸した餃子は皮はモチッ、餡はジューシー。
肉と野菜のうまみを逃すことなく
味わえるのが魅力。冷めたら蒸し直しも OK。

豚肉ときのこの蒸し餃子

材料・作りやすい分量

豚ひき肉　200g
エリンギ　100g
えのきだけ　50g
A｜片栗粉　大さじ1
　｜しょうゆ　大さじ1
　｜酒　小さじ1
　｜ごま油　小さじ1
　｜塩　小さじ1/3
　｜こしょう　少々
餃子の皮　1袋(25枚)

1　エリンギは1cm角に切る。えのきだけは根元を切り落として1cm幅に切る。
2　ボウルにひき肉、Aを入れて粘りが出るまで混ぜ、エリンギ、えのきだけを加えて混ぜる。バットに広げ、25等分になるように線をつける。
3　餃子の皮に2の餡をのせて広げ、皮の縁に指で水適量(分量外)をつけ、ひだを寄せながら包む。
4　せいろにクッキングシートを敷いて3を並べ、蒸気の上がった鍋にのせ、強火で7〜8分蒸す。

餡は定番の豚ひき肉に、きのこの食感がアクセント、味つけはしょうゆ味にしてうまみをプラス。きのこは数種類使ったほうが断然おいしい！

餡を餃子の皮で包んだら、せいろに並べていく。餃子どうしがくっつかないように間隔を少しあける。

蒸気の上がった鍋にのせ、ふたをして強火で蒸す。

蒸気の上がった状態(強火)で7〜8分蒸して中まで火を通す。タイマーを使うといい。

豚肉とキムチの蒸し餃子

韓国料理で鉄板の組み合わせを、蒸し餃子にします。下味にみそを入れてパンチを出すのがコツ。皮が透明になってキムチの色が見えたら、蒸し上がり。

材料・作りやすい分量

豚バラ薄切り肉　200g
白菜キムチ　100g
にら　50g
A｜片栗粉　大さじ1
　｜しょうゆ　小さじ1
　｜みそ　小さじ1
　｜酒　小さじ1
　｜ごま油　小さじ1
餃子の皮　1袋(25枚)

1 豚肉は1cm幅に切る。キムチは汁気を絞って豚肉と同じくらいの大きさに切る。にらは1cm幅に切る。
2 ボウルに豚肉、キムチ、Aを入れて粘りが出るまで混ぜ、にらを加えて混ぜる。バットに広げ、25等分になるように線をつける。
3 餃子の皮に2の餡をのせて広げ、皮の縁に指で水適量(分量外)をつけ、ひだを寄せながら包む。
4 せいろにクッキングシートを敷いて3を並べ、蒸気の上がった鍋にのせ、強火で7〜8分蒸す。

豚肉は食感が楽しめるように、少し大きめに切る。キムチも同様に。

鶏肉とズッキーニの蒸し餃子

鶏胸肉を使った、ライトな味わいの餃子。ナンプラーベースの合わせ調味料をしっかりなじませるのが、おいしさのポイントです。

材料・作りやすい分量

鶏胸肉　小1枚(200g)
ズッキーニ　1本
長ねぎ　¼本
塩　小さじ¼
A｜片栗粉　大さじ1
　｜ナンプラー　大さじ1
　｜酒　小さじ1
　｜砂糖　小さじ1
餃子の皮(大判)　1袋(20枚)

1　鶏肉は皮を除いて1cm角に切り、包丁で粗くたたく。ズッキーニは1cm角に切り、塩をまぶして15分おき、水気を絞る。長ねぎはみじん切りにする。
2　ボウルに鶏肉、Aを入れて粘りが出るまで混ぜ、ズッキーニ、長ねぎを加えて混ぜる。バットに広げ、20等分になるように線をつける。
3　餃子の皮に2の餡をのせて広げ、皮の縁に指で水適量(分量外)をつけ、ひだを寄せながら包む。
4　せいろにクッキングシートを敷いて3を並べ、蒸気の上がった鍋にのせ、強火で7〜8分蒸す。好みでナンプラー＋酢(分量外)を添える。

下味は片栗粉、ナンプラー、酒、砂糖。東南アジアの味になる。

ここではミニせいろを2段重ねて使用。蒸す時間は同じ。

えびと豚肉、青じその蒸し餃子

えび×豚ひき肉の餡は、二つのうまみが溶け合ってこの上ないおいしさ。さらに玉ねぎの甘さと青じその香りで、冷めても味が落ちません。

材料・作りやすい分量

えび(無頭、殻つき)　10尾(250g)
豚ひき肉　50g
玉ねぎ　1/4個
青じそ　10枚
A｜片栗粉　大さじ1
　｜しょうがのみじん切り　1かけ分
　｜酒　小さじ1
　｜オイスターソース　小さじ1
　｜塩　小さじ1/2
餃子の皮(大判)　1袋(20枚)

1 えびは殻と尾をむいて背わたがあれば取り除く(正味200g)。ボウルに入れ、片栗粉、塩(各分量外)をふってよくもんで汚れを落とし、よく洗って水気を拭く。適当に刻んでから粗く包丁でたたく。玉ねぎ、青じそはみじん切りにする。
2 ボウルにえび、ひき肉、Aを入れて粘りが出るまで混ぜ、玉ねぎ、青じそを加えて混ぜる。バットに広げ、20等分になるように線をつける。
3 餃子の皮に2の餡をのせて広げ、皮の縁に指で水適量(分量外)をつけ、ひだを寄せながら包む。
4 せいろにクッキングシートを敷いて3を並べ、蒸気の上がった鍋にのせ、強火で7～8分蒸す。

えびは片栗粉と塩でもんで汚れや臭みを取る。えびの基本の下ごしらえ。

流水で洗ってきれいにする。これで味もよくなり、プリッとした食感になる。

揚げ餃子

ひと口頬張ると、皮だけのところはサクッサク、
餡があるところはアツアツ、これが揚げ餃子の醍醐味。
餡や包み方をいろいろに変えて、遊び心満タンに。

合いびき肉とコーンの揚げ餃子

材料・作りやすい分量

合いびき肉　200g
コーン缶　小1缶(約65g)
A│片栗粉　大さじ1
　│トマトケチャップ　大さじ3
　│ウスターソース　大さじ2
　│カレー粉　小さじ½
　│塩　小さじ¼
餃子の皮　1袋(25枚)
揚げ油　適量

1　コーンは汁気をきる。
2　ボウルにひき肉、Aを入れて粘りが出るまで混ぜ、コーンを加えて混ぜる。バットに広げ、25等分になるように線をつける。
3　餃子の皮に**2**の餡をのせて広げ、皮の縁に指で水適量(分量外)をつけ、ひだを寄せながら包む。
4　揚げ油を中温(170℃)に熱し、**3**を入れ、ときどき返しながら濃いめのきつね色になるまで5〜6分揚げる。取り出して油をきる。

ほぼドライカレーの餡を焼き餃子と同じように包み、きつね色になるまでじっくりと揚げます。コーンの粒々がアクセントです。

皮に餡をのせたら、ひだを寄せながら包む。包み方はp.51参照。

一度に揚げる量は7〜8個。たくさん入れると油の温度が下がり、うまく揚がらない。

バットの上にキッチンペーパーをのせて角ざるを重ね、揚げた餃子をのせて油をきる。

ポテサラザーサイの揚げ餃子

ザーサイ入りのポテサラはクセになるおいしさ。サモサのように三角形に包むと、皮のカリカリ感も存分に楽しめます。

材料・作りやすい分量

じゃがいも　2個(300g)
玉ねぎ　¼個
味つきザーサイ　50g
白いりごま　大さじ1
A ｜ マヨネーズ　大さじ3
　 ｜ ごま油　小さじ1
餃子の皮　1袋(25枚)
揚げ油　適量

1　じゃがいもは洗って皮ごと鍋に入れ、かぶるくらいの水を注いで火にかけ、沸騰したら弱火にして竹串がスッと刺さるくらいまでゆでる。玉ねぎ、ザーサイはみじん切りにする。
2　1のじゃがいもの皮をむいてボウルに入れ、細かくつぶし、玉ねぎ、ザーサイ、ごま、Aを加えて混ぜる。バットに広げ、25等分になるように線をつける。
3　餃子の皮に2の餡をのせて広げ、皮の縁に指で水適量(分量外)をつけ、皮を両手の指で中央に寄せて三角形になるように縁をしっかり合わせて留める。
4　揚げ油を中温(170℃)に熱し、3を入れ、ときどき返しながら濃いめのきつね色になるまで5〜6分揚げる。取り出して油をきる。

皮を中央に寄せ、縁どうしをくっつけて三角形になるように整える。

皮だけの部分を作るのがポイント。カリッと揚がった皮がおいしい。

身近な素材でパパッと作れるスナック餃子。餃子の皮2枚で餡をはさみ、円盤包みにして揚げます。手づかみで食べるのがおすすめ。

卵ツナチーズの揚げ餃子

材料・10個分

卵　3個
ツナ缶　小1缶(約70g)
ピザ用チーズ　40g
A ｜ マヨネーズ　大さじ3
　 ｜ しょうゆ　小さじ1
　 ｜ 塩、こしょう　各少々
餃子の皮(大判)　1袋(20枚)
揚げ油　適量

1　卵はゆでて殻をむく。ツナはほぐして油をきる。
2　ボウルに卵を入れて粗めにつぶし、ツナ、チーズ、Aを加えて混ぜる。バットに広げ、10等分になるように線をつける。
3　餃子の皮は2枚1組にし、1枚に2の餡をのせて広げ、皮の縁に指で水適量(分量外)をつけ、もう1枚の皮をかぶせる。皮の縁をフォークの背で押してしっかりとくっつける。
4　揚げ油を中温(170℃)に熱し、3を入れ、ときどき返しながら濃いめのきつね色になるまで5〜6分揚げる。取り出して油をきる。

皮の縁をフォークの背で押して留める。薄くなるので揚げるとさらにクリスピー。

アボカドと
スモークサーモンの
揚げ餃子

材料・作りやすい分量

アボカド　2個
スモークサーモン　100g
レモンの搾り汁　適量
塩、こしょう　各少々
餃子の皮　1袋(25枚)
揚げ油　適量

1　アボカドは縦半分に切り、種と皮を除いて1cm角に切る。スモークサーモンは1cm幅に切る。
2　ボウルにアボカドを入れてレモンの搾り汁、塩、こしょうを絡め、スモークサーモンを加えて混ぜる。バットに広げ、25等分にする。
3　餃子の皮に2の餡をのせて広げ、皮の縁に指で水適量(分量外)をつけ、皮を両手の指で中央に寄せて四角形になるように縁をしっかり合わせて留め、羽根の部分を指で押さえる。
4　揚げ油を中温(170℃)に熱し、3を入れ、ときどき返しながら濃いめのきつね色になるまで5〜6分揚げる。取り出して油をきる。

四角く包んだら、羽根の部分を指で押さえてねかせて風車のようにする。

火を通さなくても食べられる餡だから、皮を香ばしく揚げればいいだけ。レモンの風味を効かせるのがおいしさのコツ。

今井 亮 Imai Ryo

中国料理を得意とする料理家。京都市内の老舗中華料理店で修業を積み、東京へ。フードコーディネーター学校を卒業後、料理家のアシスタントなどを経て独立。プロの技をきかせながら家庭で作れる中華のレシピを研究し、好評を得ている。雑誌、テレビなどでも活躍中。
Instagram @ryo.imai1931

調理アシスタント　福田みなみ
　　　　　　　　　沓澤佐紀

ブックデザイン　若山美樹(L'espace)
撮影　福尾美雪
スタイリング　中村弘子
校閲　山脇節子
DTP　佐藤尚美(L'espace)
編集　松原京子
　　　田中 薫(文化出版局)

チャーギョー
いつでも食べたい炒飯と餃子

2025年4月20日　第1刷発行

著　者　今井 亮
発行者　清木孝悦
発行所　学校法人文化学園 文化出版局
　　　　〒151-8524　東京都渋谷区代々木3-22-1
　　　　電話 03-3299-2485（編集）
　　　　　　 03-3299-2540（営業）
印刷・製本所　株式会社文化カラー印刷

©Relationship 2025　Printed in Japan
本書の写真、カット及び内容の無断転載を禁じます。

本書のコピー、スキャン、デジタル化等の無断複製は著作権法上での例外を除き、禁じられています。
本書を代行業者等の第三者に依頼してスキャンやデジタル化することは、たとえ個人や家庭内での利用でも著作権法違反になります。

文化出版局のホームページ　https://books.bunka.ac.jp/